Achtung, Kuh!

Vorhergehende Abbildung: Auf einer saftigen Blumenwiese fühlen sich Kühe am wohlsten.

Nächste Seite: Die Rinder auf den Bergweiden der Almen tragen große Glocken um den Hals.

Titelseite: Dieser Stierkopf aus Speckstein diente im alten Griechenland als Trinkgefäß.

Heiderose und Andreas Fischer-Nagel

Warum muht die Kuh?

Das Hausrind und seine Verwandten

Kinderbuchverlag Luzern

Unseren Kindern Tamarica und Cosmea Désirée

Die Namen der abgebildeten Rinder:

Wildrinder:

Afrikanisches
  Buckelrind: 13
Anoa: 10
Auerochse s. Ur
Banteng: 12
Bison: 10
Gaur: 12
Kaffernbüffel: 11
Ur: 8, 9
Wasserbüffel: 11
Wisent: 10
Yak: 13
Zebu: 13

Hausrinder:

Deutsches Braunvieh: 15
Charolais: 17, 22, 27, 32, 33
Eringer Vieh: 15, 40
Holsteiner Rind: 14, 37
Rotbuntes Weidevieh: 16
Schottisches Hochlandrind: 15
Schwarzbuntes Weidevieh: 20, 21
Simmentaler Fleckvieh: 14, 17

Bildnachweis

Fotos von Andreas Fischer-Nagel, mit Ausnahme der folgenden:
Archiv KBV: 36 rechts – *Archiv MVG:* 3, 4, 5 rechts, 6, 7, 8 oben,
10 oben, 11 rechts, 14 unten rechts – *ARDEA:* 10 Mitte rechts –
M. Bruggmann: 5 links – *Hans D. Dossenbach:* 18, 19 –
G. Kohwagner: 36 links – *R. Neeser:* 40 unten –
Schweiz. Braunviehzuchtverband: 15 oben links – *Schweiz.
Eringerviehzuchtverband:* 15 oben rechts –
Schweiz. Fleckviehzuchtverband: 14 oben rechts – *Schweiz.
Käseunion:* 17 oben links – *Vindelica Verlag Augsburg:* 8 Mitte
Zeichnungen: Hannes Opitz

Grafische Gestaltung: Jürgen Braunschweiger

Filmherstellung: Lanarepro, Lana/Meran
Satz: F. X. Stückle, Ettenheim
Druck und Bindung: Trilogy, Mailand
Printed in Italy

Bestellnummer: 19 00132

Die Deutsche Bibliothek – CIP-Einheitsaufnahme
Warum muht die Kuh?: Das Hausrind und seine Verwandten /
Heiderose und Andreas Fischer-Nagel. [Fotos von Andreas Fischer-
Nagel . . .]. – Luzern: Kinderbuchverl., 1994
(Spannende Natur) ISBN 3-276-00132-2
NE: Fischer-Nagel, Heiderose; Fischer-Nagel, Andreas

Inhalt

Das Rind – ein wichtiges Tier für den Menschen

Als sich die Lebensweise der Menschen änderte und sie seßhaft wurden, gründeten die einstigen Jäger und Sammler Dörfer und begannen Felder zu bestellen. Sie gingen nur noch hin und wieder auf die Jagd. Um die schwere Feldarbeit besser bewältigen zu können, kamen sie eines Tages auf die Idee,

Zu den ältesten und wichtigsten Haustieren des Menschen gehören die Rinder. Sie geben Milch, die wir zu Butter, Quark und Käse verarbeiten können. Dazu kommt das magere Rindfleisch und die für die Lederindustrie wichtige Rinderhaut, das Leder. Aus dem Leder macht man alle möglichen Dinge, zum Beispiel Taschen, Kleidung, Schuhe und Möbelbezüge. Aus dem Horn werden Kämme gefertigt. Selbst die Knochen werden verwertet, zermahlen und dem Tierfutter beigemengt. Aus dem Fett und allem, was sonst noch übrig bleibt, wird Seife hergestellt. Schon in der Altsteinzeit nutzten unsere Vorfahren das Rind. Wie Schwein, Reh, Ziege und Hirsch lieferte es ihnen Fleisch, Fell und Waffenmaterial.

das Rind vor ihren Pflug zu spannen. Das war ungefähr 6500 Jahre vor Christus, also vor rund 8500 Jahren.

Die Größe und Kraft des Rindes zeugten für unsere Vorfahren von Macht und Stärke. Deshalb wurde das Rind auch den Göttern geweiht und geopfert. Zu diesem Zweck fingen die Menschen Rinder ein und hielten sie in Tempelgärten. Geopfert wurden oft nur Teile des Tieres, so daß meistens noch genug Fleisch für ein Festessen übrigblieb.

Da der Mond als Sinnbild der Fruchtbarkeit galt, wurde das gebogene Rinderhorn, das dem Halbmond ähnelt, Wahrzeichen der

Mondgöttin. Ihr wurde regelmäßig geopfert, und an Festtagen spannte man eine Kuh mit vergoldeten Hörnern vor den Kultwagen der Göttin. Auf der griechischen Insel Kreta soll einst der «Minotaurus» – halb Stier, halb Mensch – im Labyrinth des Königs Minos gelebt haben. Ihm mußten alle neun Jahre

Links: Eine Kuh mit ihrem Kälbchen auf einer antiken Vase.

Rechts: Die Sage vom Stiermenschen Minotaurus stammt aus Griechenland.

sieben Jünglinge und Jungfrauen geopfert werden. In Indien glauben die Menschen, daß in jeder Kuh die göttliche Seele eines Menschen wiederkehrt. Die Rinder werden dort verehrt und dürfen nicht getötet werden. Alle ursprünglichen Wildrinder stammen aus Asien und Afrika. Auch heute gibt es dort noch die meisten wildlebenden Rinder. Die Wildrinder Europas und Nordamerikas sind fast ausgerottet und nur noch in Zoos, Wildgehegen und Nationalparks zu sehen.

Kuhhandel

Viele Rinder zu haben, bedeutete Reichtum und Wohlstand für die Menschen. Auf den Märkten konnte man viele Dinge für ein Rind eintauschen. Mit Rindern konnte man auch ein Stück Land kaufen. Manchmal ging es bei solch einem Tauschhandel nicht ehrlich zu, und deshalb nennt man ein unehrliches

Da Rinder für den Menschen immer sehr wichtig waren und sind, ist es kein Wunder, daß einem das Rind auf vielen Gemälden alter und neuer Zeit begegnet. Auf den Höhlenmalereien wird es als Beutetier dargestellt. Später findet man es in den Darstellungen des bäuerlichen Lebens wieder, entweder vor den Pflug gespannt, auf der Weide oder auch als Milchkuh.

Tauschgeschäft auch heute manchmal noch einen «Kuhhandel». Wenn ein junger Mann heiraten wollte, mußte er dem Vater des jungen Mädchens einige Rinder als Brautpreis geben. In manchen Ländern ist das heute noch so. Rinderdiebstahl war keine Seltenheit, und auch heute kommt es vor, daß Weidevieh gestohlen wird.

Links: In Indien werden Kühe sehr verehrt. Dieses Stierstandbild wurde dort vor 300 Jahren in einem Palastgarten errichtet.

Oben: Auf dem Bild von Marcelina Fernandez (geb. 1898) ist ein Rind als Zugtier vor einen Pflug gespannt worden.

Der Auerochse –
Stammvater unserer Rinder

Links: Aus Indien, der Heimat des Urs, kommt auch diese Stiermünze.

Unten: Das berühmte Bild vom «Augsburger Ur» wurde im 16. Jahrhundert gemalt.

Die Wildform unseres wichtigsten Hausrindes ist der Auerochse, auch Ur genannt. Leider ist er seit 1627 ausgerottet. Nur aus alten Büchern und Abbildungen können wir etwas über ihn erfahren. Zum Beispiel ist er auf den weltberühmten Höhlenmalereien von Lascaux (Frankreich) zu sehen. Außerdem gibt es das «Augsburger Ur-Bild», das im 16. Jahrhundert auf Holz gemalt wurde.

Die berühmten Zoologen und Tiergärtner Gebrüder Heck züchteten in München in mühevoller Arbeit aus einigen primitiven Hausrinderrassen eine Rasse, die dem Auerochsen sehr ähnlich ist. Den echten Ur jedoch wird es nie mehr geben.

Der Ur gilt als Stammvater aller Hausrinder. Unsere Rinder stammen also alle vom Ur ab. Die Heimat der Urrinder war Indien. Von dort breiteten sie sich nach Europa aus und lebten in Wäldern, Flußauen und sogar im Gebirge.

Rechte Seite: Eine Auerochsenfamilie im Zoo.

Rechts: Der kastanienbraune, zwei Meter hohe Ur wird auch Auerochse genannt.

Der Ur war ein mächtiges Tier, das bis zu 1,80 Meter groß werden konnte. Er hatte ein schwarzbraunes Fell, und auf dem Kopf trug er bis zu 80 Zentimeter lange, spitze Hörner, die nach vorn geschwungen waren. Die männlichen Tiere, die man auch Bullen nennt, konnte man gut von den kleineren

Die Urrinder ernährten sich von den Blättern der Laubbäume. Sie fraßen riesige Mengen davon, während sie ungestört, meist in Herden, die Wälder durchstreiften. Die Herde bot ihnen Schutz vor Raubtieren. Bären und Wölfe trauten sich nicht, die Urrinder anzugreifen.

weiblichen Tieren, den Kühen, unterscheiden. Die Kühe waren nämlich viel kleiner. Das Fell der Kühe hatte eine andere Farbe als das der Bullen: Genau wie die Kälber waren die Kühe rotbraun.

Die Menschen aber jagten die Auerochsen mit Pfeilen und Speeren oder bauten Fallgruben. Ein so mächtiges Tier bedeutete viel Fleisch, Knochen für die Waffenherstellung und Fell für Kleider und Zelte.

Wildrinder

Rechts: Diese Jagdszene wurde von Indianern auf eine Bisonhaut gemalt.

Die Wildrinder lassen sich in vier große Gattungen einteilen:
Man unterscheidet Bisons, Asiatische Büffel, Afrikanische Büffel und Eigentliche Rinder.

Zu den Bisons gehören Bison und Wisent. Der Bison ist dicht und wollig behaart und hat einen dicken, zotteligen Kopf. Fälschlicherweise nennt man ihn oft auch Indianerbüffel. Einst zog er in riesigen Herden über die Prärien Nordamerikas. Dort ließ das Hufedonnern der massigen Tiere den Boden erbeben. Die Bisons lieferten den Indianern Fleisch und Fell. Allerdings wurden nie mehr Tiere getötet, als die Indianer zum Leben brauchten. Waffen, Kleidung und Zelte wurden aus Bisonknochen und Fellen gefertigt. Der mächtige Medizinmann kleidete sich mit einem Bisonfell, an dem auch noch die Kopfhaut und die Hörner hingen. Das sollte ihm noch mehr Macht und die Kraft des Tieres verleihen. Als die weißen Siedler die Indianer von ihren Jagdgründen vertrieben, schossen sie die Tiere wahllos ab, um den Indianern die Lebensgrundlage zu entziehen. So wären die Bisons beinahe ausgerottet worden. Von den 70 Millionen Bisons, die es einst gegeben hat, lebten 1889 nur noch etwa 800. Heute gibt es wieder ungefähr 30 000 Bisons in amerikanischen Wildreservaten.

Der Wisent wird oft mit dem Auerochsen verwechselt. Als ursprüngliches Steppentier entwickelte er sich im Laufe der Zeit zum Waldbewohner. Deshalb gab es Wisente in der Steppe und im Wald. Während der Steppenwisent schon während der Eiszeit ausgerottet wurde, überlebte der Waldwisent und fand

Bildreihe links: Wisent, Bison und Anoa gehören zu den Wildrindern.

Die mächtigen Hörner des Kaffernbüffels (rechts) schützen ihn vor Feinden. Wasserbüffel (ganz rechts) eignen sich wegen ihrer breiten Hufe gut zum Pflügen sumpfiger Felder. Daher verwendet man sie in Asien beim Reisanbau.

seinen Lebensraum im Gebirge und Flachland. Nach und nach besiedelte der Mensch die Lebensräume der Wisente und verdrängte die Tiere damit immer mehr. Der letzte freilebende Wisent wurde 1921 im Polnischen Urwald von Bialowieza erlegt. Wäre es nicht gelungen, wenige in Zoos und Wildgehegen gehaltene Wisente zusammenzubringen und weiterzuzüchten, wäre diese Tierart für immer ausgestorben. Der Wisent ist noch stattlicher als der Auerochse. Er erreicht stolze zwei Meter Schulterhöhe. Er ist kastanienbraun und hat kurze, rundliche Hörner. Zur Gattung Asiatische Büffel gehört der Anoa, das kleinste aller heute noch lebenden Wildrinder. Weil dieses Rind so zierlich ist

und ganz lange Beine hat, denkt man zunächst, daß es zu den Antilopen gehört. Aber es ist faul und träge und bewegt sich genauso langsam wie seine klobigen Verwandten. Die Anoas, die auf der indonesischen Insel Célèbes leben, lieben sumpfiges, waldreiches Gelände mit viel Dickicht. Dort

können sie sich vor den Bewohnern der Insel verstecken, die die Anoas wegen ihres zarten Fleisches jagen. Anoas leben einzeln oder in Kleinfamilien. Während sie früher auf der ganzen Insel Célèbes zu finden waren, werden sie heute von den Menschen immer weiter zurückgedrängt und sind vom Aussterben bedroht.

Wilde Wasserbüffel gab es einst von Indien bis China, von Mesopotamien und Nordafrika bis hin nach Europa. Heute lebt der wilde Wasserbüffel eigentlich nur noch in Vorderindien und Burma. Aus ihm haben sich viele Rassen von Hausbüffeln entwickelt, die heute in fast allen warmen Ländern gezüchtet werden. Aus Büffelmilch wird der echte italienische Mozzarellakäse hergestellt. Der Mozzarella für die Pizza ist heute allerdings meistens aus Kuhmilch. Wasserbüffel haben kräftige Hörner, streifen durch Sümpfe und Flußniederungen und können ohne Wasser nicht leben. Sie fressen in den Abendstunden

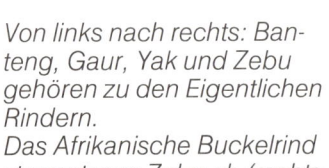

und stehen tagsüber lieber dösend im Wasser, um sich vor lästigen Viehbremsen zu schützen.

Zur Gattung Afrikanische Büffel zählt der Kaffernbüffel. Er ist ziemlich gefährlich und unberechenbar. Er kann seine Gegner mit gewaltiger Kraft durch die Lüfte schleudern und durchbohren.
Seine Hörner bedecken fast die ganze Stirn und stehen weit zur Seite ab. Seine Haut ist kahl und nackt. Stundenlang liegt er in einem Schlammloch, um zu dösen und sich von einer eigenen «Gesundheitspolizei» aus Vögeln, den Kuhreihern und Madenhackern, das Ungeziefer absammeln zu lassen.

Bei den Eigentlichen Rindern müssen wir Gaur, Banteng sowie Yak und Zebu einordnen:
Das mächtigste noch lebende Wildrind ist der Gaur, der in Indien lebt. Einst durchstreifte er die Wälder oder weidete auf kleinen Lichtungen. Heute ist der Gaur so gut wie ausgerot-

Von links nach rechts: Banteng, Gaur, Yak und Zebu gehören zu den Eigentlichen Rindern.
Das Afrikanische Buckelrind stammt vom Zebu ab (rechts außen).

tet, weil er durch die Menschen verdrängt wurde. Im Gegensatz zu vielen anderen Rindern wurde er kaum gejagt, denn nur selten waren die Jäger mutig genug, eines der Tiere von der kleinen Herde zu trennen. So eine Herde besteht immerhin aus zwei bis drei Bullen, zehn Kühen und vielen Kälbern. Besonders die Kühe, die um ihre Kälber besorgt sind, sind gefährlich. Alte Bullen ziehen lieber nicht mit der Herde und gehen eigene Wege.

Viel kleiner als der Gaur ist der schwarzbraune Banteng, den es in verschiedenen Unterarten gibt. Im Gegensatz zu den schwarzen Bullen sind die Kühe meist rotbraun gefärbt.

Auch die Bantengs wurden durch den Menschen vertrieben. Bantengs leben in Sümpfen und Wäldern Thailands, Indochinas und Indonesiens. Sie ernähren sich von Trieben, Blättern, Blüten und Bambusschößlingen. Außer den Menschen haben sie noch Tiger und Wildhunde zu fürchten.

Das Zebu ist in Asien sehr häufig, aber auch in anderen Teilen der Welt werden heute Zebus gezüchtet. Das Zebu ist ein Buckelrind mit einem mächtigen Fett- und Muskelhöcker auf dem Rücken, der jedoch nicht, wie bei den Kamelen, als Reservespeckschicht dient. Das bewegliche Tier mit den lustigen

Der Yak lebt im Hochland von Tibet. Struppig fällt ihm das lange Haar über die Schultern und Flanken. Auch Schenkel und Schwanz sind mit langen Haaren bedeckt. Wegen seines dichten, zottigen Fells kann der Yak gut Kälte vertragen. Im Winter finden die Yaks es sogar bei minus 40 Grad noch gemütlich.

Yaks wandern oft hoch in die Berge hinauf, manchmal bis zu einer Höhe von 6000 Metern. Findet man Yakspuren, weiß man nie, ob es sich um ein einzelnes Tier oder eine ganze Herde handelt. Yaks laufen nämlich immer im Gänsemarsch hintereinander und treten genau in die Fußstapfen des Tiers vor ihnen.

Hängeohren stammt vom Ur und vom Gaur ab. In Indien werden Zebus als «Heilige Kühe» verehrt und gehen dort überall durch die belebten Straßen. Die meisten dieser Zebus sind schon sehr alt und werden von ihren ehemaligen Besitzern nicht mehr gefüttert. Deshalb suchen sie sich auf den Straßen in den Abfällen etwas zu fressen. Sie dürfen in den Tempelhainen weiden und gelten als unantastbar. Die Zebus rechnet man schon zu den Hausrindern. Sie geben allerdings nicht soviel Milch wie unsere Rinderrassen. Da sie aber leicht und beweglich sind, eignen sich Zebus gut für die Feldarbeit. Man kann sie vor Pflug und Wagen spannen und sogar auf ihnen reiten.

Hausrinder

Rechte Seite unten: Schottisches Hochlandrind.

Von links nach rechts: Einheimische Rinder – Holsteiner Rind, Simmentaler Vieh, Braunvieh und Eringer Rind.

flachen Ebenen Norddeutschlands. Außerdem gibt es dort das Rotbunte Vieh. Zum sogenannten Höhenvieh zählen das Deutsche Fleckvieh, das Deutsche Braunvieh, das Österreichische Fleckvieh, das Simmentaler, Allgäuer und Frankenvieh, das Lahnvieh, das Harzer, Odenwälder und Pinzgauer Vieh. Die

Nur mit viel Fantasie können wir in unseren heutigen Rinderrassen noch den Ur erkennen. Aus den zu Haustieren gewordenen Urrindern hat man Rassen herangezüchtet, die uns viel Milch und Fleisch liefern und auch als Arbeitstiere eingesetzt werden können. Bei uns haben allerdings Traktoren die Arbeit der Zugtiere übernommen.

Die Deutschen Rassen des Hausrindes lassen sich grob in das Niederungsvieh und das Höhenvieh unterteilen. Zum Niederungsvieh gehören neben den bekannten Schwarzbunten Rindern das Ostfriesische und Schleswig-Holsteiner Rind sowie das Angler Rind. Wir finden diese Rinderrassen häufig auf den

Unten links: Rinder treten mit je zwei Zehen auf, die mit einem Hornschuh, dem Huf, umkleidet sind.

Unten rechts: In Spanien ist der Kampf des Toreros mit dem Stier eine sehr alte Tradition.

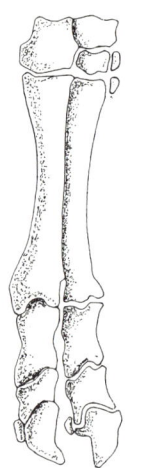

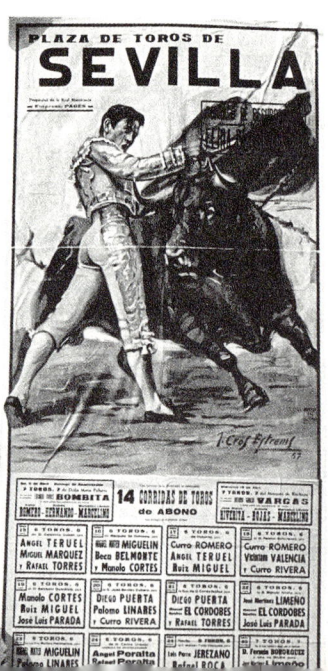

14

Rinder sehen mit ihren tonnenförmigen Körpern und dem breiten Kopf alle ungefähr gleich aus, aber es gibt kleinere und größere Rassen.

Das Simmentaler Fleckvieh findet man auf vielen Almen in der Schweiz. Die Kühe leben dort den ganzen Sommer über und fressen

die gesunden Alpenkräuter. Abends werden sie meist in den Stall getrieben, in dem frisches Stroh eingestreut ist, wo das Wasser aus einem Bergquell in einen Trog läuft und wo sie vom Senn oder von der Sennerin gemolken werden.

Neben den hochgezüchteten Rassen bleiben ein paar übrig, die an den Stammvater aller Rinder, den Ur, erinnern. Zum Beispiel das Schottische Hochlandrind: Auch wenn seine Hörner ein wenig länger sind, ist die Hornform des Urs weitgehend erhalten. Das lange Haar und das rötliche Fell lassen das Tier besonders wild erscheinen.

Das bekannteste Rind des Südens ist das Spanische Kampfrind. Sein Aussehen, seine

Wildheit und seine Angriffslust erinnern stark an die Wildrinder. Für die Spanier ist der Kampf mit dem Stier eine alte Tradition. Es gilt als stolz und mutig, wenn der geschmückte Torero unter Jubel in die staubige Arena kommt, um dem Stier entgegenzutreten. Den Stier zu besiegen ist ein gefährliches Spiel mit

dem Tod. Wie gut, daß der Tierschutzgedanke weltweit um sich faßt und man sich auf andere, schönere Traditionen besinnt.

Auf der Weide

Auf der Weide fühlen sich Rinder am wohlsten. Dort können sie sich frei bewegen und ausgelassen herumspringen. Sie können auch mal mit gesenkten Hörnern aufeinander losgehen oder sich gegenseitig helfen, ihr Fell zu pflegen. Auf der Weide führt sie immer ein Leittier an.

Milchkühe bleiben meist das ganze Jahr im Stall. Rinder, die wegen ihres Fleisches gehalten werden, sind oft den ganzen Sommer über auf der Weide. Den Winter verbringen sie dann im Stall, obwohl sie es gut draußen aushalten können, wenn man sie mit Heu oder anderem Futter versorgt. Es wäre sogar besser, wenn sie wenigstens zeitweise draußen wären, weil sie dann im Frühjahr nicht zuviel frisches Gras auf einmal fressen. Davon können sie nämlich krank werden.

auf solchen Weiden einsperrte, fraßen sie auch das Unkraut, allerdings war die Wiese dann bald ganz kahlgefressen und zertrampelt. Am besten ist es, die Wiesen teils abfressen zu lassen und teils zu mähen. Auf diese Weise erhält man den Lebensraum Wiese mit seinen Insekten und Kleintieren.

Für eine natürliche Wiese ist es gut, wenn Kühe auf ihr weiden. Bei der ursprünglichen Form der Rinderhaltung beweideten die Tiere die Laubwälder. Ungehindert streiften sie umher. Eingezäunte Weiden waren nicht nötig, weil noch genügend Platz für Mensch und Tier vorhanden war. Dort, wo die Rinder immer wieder Laub und junge Triebe abfraßen, konnten die Bäume nicht mehr richtig wachsen, und es enstanden Wiesen. Zunächst konnten sich die Rinder die schmackhaftesten Kräuter heraussuchen. Bald wuchs auf den Weideflächen nur noch Unkraut, das den Rindern nicht schmeckte. Wenn man sie

Gerade in den Bergen funktioniert das wunderbar. Der Auf- und Abtrieb der Kühe auf die Almen gleicht einem fröhlichen Volksfest. Die Almhütten, die Weiden und die Kühe werden geschmückt und vom Priester gesegnet. Um den Hals tragen die Tiere eine Glocke. Die der Leitkuh ist besonders groß. Nun können die anderen Kühe der Herde immer hören, wo ihre Leitkuh ist, und der Senn hat es leichter, die Herde zu finden und zusammenzuhalten. Von Mitte April bis Anfang November können die Tiere auf den Almen bleiben.

Links: Schutzmarken im Ohr helfen gegen Fliegen.

Oben: Beim festlichen Alpaufzug trägt eins der Rinder einen Melkschemel auf dem Kopf.

Oben rechts: Diese Kühe wollen ihre Kälber beschützen.

Wenn man Rinder auf der Weide beobachtet, sieht man, wie sie mit dem Maul dicht über dem Boden die Grasbüschel mit ihrer langen, rauhen Zunge fassen und unzerkaut hinunterschlucken. Mit ihrem scharfen Geruchs- und Geschmackssinn suchen sie sich dabei die besten Hälmchen aus.

so rasch aufgenommene Nahrung zu kauen. Die Weiden in Amerika sind nicht so saftig wie zum Beispiel die der Almen. Die Rinder müssen weite Strecken zurücklegen, um genügend Nahrung aufnehmen zu können. Abends werden sie ein bißchen zusammengetrieben und von Cowboys und Hunden be-

Oben: Beim «Roundup», einem Cowboy-Wettkampf, werden Rinder mit dem Lasso eingefangen.

Rechts: Rinderherde in New Mexico, von Cowboys zu Pferd bewacht und begleitet.

Stunde um Stunde ziehen auch die großen Herden in Amerika über die weiten Prärien. Regelmäßig bleiben sie an bestimmten Stellen stehen und legen sich hin, um die vorher

wacht. Hier in der weiten, offenen Landschaft lauern viele Gefahren. Wölfe und andere Raubtiere sehen in den Kälbern eine willkommene Beute. Darum müssen die Menschen darauf achten, daß sich kein Tier von der Herde absondert und daß sich kein Kälbchen verirrt. Bei dieser Arbeit sind die Cowboys auf ihre besonders gut ausgebildeten Pferde angewiesen. Die Geschicklichkeit, der Gehorsam, die leichte Lenkbarkeit und eine gewisse Unerschrockenheit dieser Pferde ermöglichen dem Cowboy, verirrte Tiere rasch einzufangen und die Herde zusammenzuhalten.

Im Stall

Die Weidehaltung ist tierfreundlich, aber die ganzjährige Stallhaltung ist für den Menschen bequemer, besonders bei der Haltung von Milchvieh. Der moderne Kuhstall soll hell und freundlich sein, die Tiere brauchen stets frische Luft, und sie müssen sich gut bewegen können.

Oben: Im Anbindestall stehen die Rinder ganz dicht nebeneinander.

Rechte Seite oben: Großes Gedrängel herrscht im Laufstall an der Krippe.

Rechte Seite Mitte: Diese Kälbchen stehen in der Laufbox. Lieber wären sie bei ihren Müttern!

Früher waren Ackerland, Weideland und Viehhaltung fein aufeinander abgestimmt. Heute kann der Bauer künstlich erzeugtes Kraft- und Mineralfutter füttern. Er braucht nicht mehr viele Weiden und kann trotzdem sehr viel mehr Tiere als früher halten. Aber das Fleisch von künstlich gefütterten Tieren,

Das geht am besten in einem Laufstall, wo die Tiere frei herumlaufen können. Im Anbindestall stehen sie dicht an dicht, mit dem Kopf zur Krippe und Tränke. Massenställe werden automatisch durch Computer versorgt. In solchen Ställen werden die Tiere eigentlich nicht artgerecht gehalten. Das Tier wird zum Fleisch- und Milchlieferanten, zu einem jammervollen Dasein verdammt. Kälberställe sind oft abgedunkelt, weil das Fleisch der Tiere dadurch weiß bleibt und den Käufern später besonders kostbar erscheint. Einzelboxen sind sehr eng. In den Laufställen sind oft zu viele Tiere.

Früher wurde der Stall mit einer Schicht Stroh eingestreut, heute stehen die Tiere auf Gitterrosten, durch die Kot und Urin in eine Grube fallen. Die Gülle wird später zum Düngen verwendet. Für die Tiere, die den ganzen Tag auf dem Rost stehen müssen, ist es schrecklich. Sie werden zu bestimmten Zeiten gefüttert und bekommen nur vom Bauern gemähtes Grünfutter oder Silofutter.

die in schlecht gelüfteten, dunklen Ställen leben müssen, ist nicht so gut wie das von Rindern, die frei auf der Wiese herumlaufen dürfen. Deshalb haben in letzter Zeit einige Bauern ihren Betrieb in einen Biobauernhof umgewandelt. Ihnen ist es nämlich nicht so wichtig, Fleisch in großen Mengen zu produzieren. Sie wollen ihre Tiere lieber artgerecht halten und dafür weniger, aber wirklich gutes Fleisch liefern. Damit bekommen auch die Tiere eine neue Chance für ein artgerechtes Leben.

Familie Kuh

ein Bulle kastriert wurde, kann er keine Kälber mehr zeugen. Solch einen kastrierten Bullen bezeichnet man als Ochsen. Die weiblichen Kälber heißen nach dem ersten Lebensjahr Färse. Erst wenn sie dann selber Kälbchen zur Welt gebracht haben, nennt man sie Kühe. Färsen und Kühe leben fried-

Könnten sich unsere Rinder noch so frei bewegen wie der Ur, würde ein kräftiger Bulle oder eine erfahrene Kuh die Herde führen. Kühe sind alle drei Wochen brünstig, das heißt, sie sind zur Paarung bereit. Der Bulle, der seine stets wachsende Herde gut bewacht, würde die Kühe in seiner Herde regelmäßig begatten.

Männliche, geschlechtsreife und paarungsfähige Tiere werden als Bullen bezeichnet. Einen jungen Bullen nennt man Stier. Wenn

lich beieinander. Sie ziehen die Kälber oft sogar gemeinsam auf. In einer Herde ist die Geburt ein natürliches, unkompliziertes Ereignis. Die Herde wacht über die gebärende Kuh und gibt ihr und dem Kälbchen Schutz.

Nach einer Tragzeit von 9 Monaten wird das Kalb geboren. Es gleitet aus der Scheide der Kuh und zerreißt dabei die Fruchthülle, von der es im Bauch der Mutter umgeben war. Bei der Geburt ist die Lage des Kalbes sehr wichtig. Liegt es langgestreckt in Kopf- oder Steißlage, werden die Beinchen zuerst geboren. Bis das Kalb ganz draußen ist, können drei bis sechs Stunden vergehen. Auf der Weide liegt die Kuh während der Geburt, im Stall muß sie stehend gebären, und das Kalb gleitet auf den kalten, schmutzigen Rost.

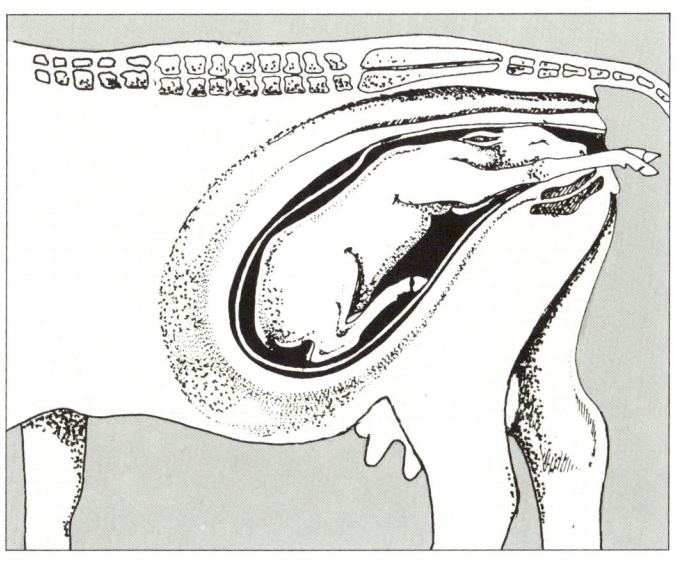

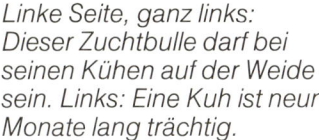

Linke Seite, ganz links: Dieser Zuchtbulle darf bei seinen Kühen auf der Weide sein. Links: Eine Kuh ist neun Monate lang trächtig.

Oben: Auf der Zeichnung sieht man das Kalb im Mutterleib in Kopflage.

Bilder rechts: Zur Geburt, die 3 – 6 Stunden dauert, legt sich die Kuh hin.

Kühe im Stall werden künstlich besamt, das heißt, der Tierarzt hat ihnen den Samen eines Bullen in die Gebärmutter gespritzt. Manchmal gehört dieser Bulle einer viel größeren Rasse an als die Kuh, und das Kälbchen kann für den normalen Geburtsweg zu groß sein. Das ist immer gefährlich für Kuh und Kalb.

Das Kalb

Sofort nach der Geburt leckt Mutter Kuh das Kalb mit der langen, rauhen Zunge trocken und befreit es von der restlichen Fruchthülle, die sonst die Nasenlöcher des Kälbchens verklebt. Jetzt erst holt das Kälbchen tief Luft. Es

alle Tierkinder: warm, weich und flauschig. So ein junges Kälbchen ist ein Nestflüchter. Wie die Fohlen der Pferde und viele andere Tierkinder müssen die Kälbchen nämlich gleich nach der Geburt mit der Herde ziehen können. Schwache Tiere haben in der Natur keine Überlebenschance.

ist ganz schwach und zittert vor Kälte, denn der schöne warme Bauch von Mutter Kuh ist plötzlich nicht mehr da. Mühsam versucht es, sich auf seine wackeligen Beinchen zu stellen. Immer wieder stupst die Kuh ihr Kalb dabei an, um ihm zu helfen und um es zum Trinken aufzufordern. Doch das Stehen fällt noch schwer. Das Kälbchen fällt um. Beim zweiten Versuch ist es schon etwas schwungvoller als vorher. Nun steht es auf seinen Beinchen. Neugierig guckt sich das Kalb mit großen Augen um. Es sieht kuschelig aus, wie

Linke Seite: Mit ihrer rauhen Zunge leckt Mutter Kuh ihr Junges trocken. Dann schiebt sie es immer wieder zum Euter, bis es trinkt.

Rechts: Eine Stunde braucht das Kalb, bis es sein Körpergewicht (30 – 50 Kilo) auf eigenen Beinen tragen kann.

Die erste Milch

auch nennt, in das kleine Maul genommen und trinkt gierig. Ein wenig von der Milch läuft aus dem Maul, und als das Kälbchen die erste Mahlzeit beendet, hat es einen richtigen Milchbart. Die erste Milch aus dem strotzenden Euter der Mutter enthält viel Eiweiß und besondere Abwehrstoffe gegen Krankheiten.

Nun sucht das Kälbchen zaghaft am Bauch der Kuh nach dem Euter. Das Euter ist dick und prall mit Milch gefüllt. So kann es das Kälbchen leicht finden. Zum Saugen nimmt das Kälbchen eine ganz bestimmte Haltung ein, die ihm ebenso wie das gezielte Suchen nach dem Euter angeboren ist. Die Kuh schubst ihr Junges noch in die richtige Richtung, leckt mit der Zunge über das weiche Fell und ermuntert es zu trinken. Endlich hat es einen der vier Striche, wie man die Zitzen

Man nennt diese erste Milch Kolostrummilch. Sie ist für die Entwicklung des Kalbes sehr wichtig. Würde die Kuh ohne Aufsicht des Menschen leben, würde sie nur so lange Milch geben, wie sie ein Kalb hat. Neun Monate dürfte das Kalb bei ihr trinken.

Die im Stall geborenen Kälber werden gleich nach der Geburt von der Mutter getrennt, müssen ihre Milch aus Flaschen oder Eimern trinken und im dunklen Kälberstall leben.

Linke Seite: Zufrieden muht die Kuh, denn das Kälbchen trinkt. Gierig saugt es Milch aus dem prallen Euter, bis es einen Milchbart hat!

Rechts: Abwechselnd passen die Mutterkühe im «Kälberkindergarten» auf die spielenden Kälber auf.

Rechts unten: Wenn ein Kalb bei seiner Mutter und zusammen mit anderen Kälbern aufwachsen darf, fühlt es sich wohl.

Dabei sind Kälbchen sehr verspielt. Kälber, die das Glück haben, auf der Weide und in der Herde geboren zu werden, tollen gerne ausgelassen miteinander herum. Hier zeigt sich, was für ein interessantes Verhalten Rinder haben: Es entstehen richtige Kindergärten, die von einzelnen Kühen bewacht werden, während andere Mutterkühe friedlich grasen. Die Kälbchen sind recht vergnügt, messen ihre Kräfte und pflegen sich gegenseitig das Fell.

Ein ganz besonderer Magen

Für diese merkwürdige Art der Verdauung benötigt die Kuh einen ganz anderen Magen als wir. Ihr Magen kann nicht nur eine Nahrungsmenge von 160 Litern aufnehmen, er besteht auch noch aus vier Teilen: dem Netzmagen, dem Labmagen, dem Blättermagen und dem Pansen.

Nachdem es getrunken hat, zieht das Kalb mit seiner Mutter über die Weide.

Rinder haben einen feinen Geruchs- und Geschmackssinn.

Kräuter, die sie nicht mögen, lassen sie einfach stehen.

Oft sieht man Rinder auf der Wiese liegen, wie sie vor sich hin dösen und ständig kauen. Sie käuen wieder. Rinder sind nämlich, genau wie Schafe und Ziegen, aber auch Giraffen und Hirsche, Wiederkäuer. Alle diese Tiere haben eine ganz besondere Form der Verdauung. Mit einem kurzen Aufstoßen rutscht ein Teil des Futters den Hals hinauf ins Maul und wird nun mit mahlenden Kaubewegungen von den breiten Backenzähnen zu einem Brei zermalmt.

Der Pansen ist der größte Teil des Magens. In ihn gelangt das unzerkleinerte Gras. Von dort wird es in kleinen Mengen in den Netzmagen weitergeleitet. Von hier aus rutscht das zu Klößen geformte Gras wieder hinauf ins Maul. Dort wird es zermahlen und ein zweites Mal, diesmal in den Blättermagen geschluckt. Hier wird der Brei wieder gepreßt, und es wird ihm Wasser entzogen. Das Wasser wird vom Körper über die Nieren als Urin ausgeschieden. Nun kommt die Nahrung endlich im Lab-

Zum Wiederkäuen legen sich die Rinder hin. Nun würgen sie das vorher hastig geschluckte Gras wieder hervor.

magen an. Dieser Magen entspricht dem Magen des Menschen. Aus vielen kleinen Drüsen werden von der Magenwand Verdauungssäfte abgeschieden, die die Nahrung zersetzen, ohne sie zu sehr zu verdünnen.

Erst jetzt wird die Nahrung an den 50 Meter langen Darm weitergegeben und fertig verdaut. Von dort wandert ein Teil der Nährstoffe ins Blut und ein Teil in die Milchbläschen im Euter.

So funktioniert die Verdauung der Rinder:

1 Pansen
2 Netzmagen
3 Blättermagen
4 Labmagen
5 Darm
6 Blutbahn
7 Milchbläschen
8 Zitzen

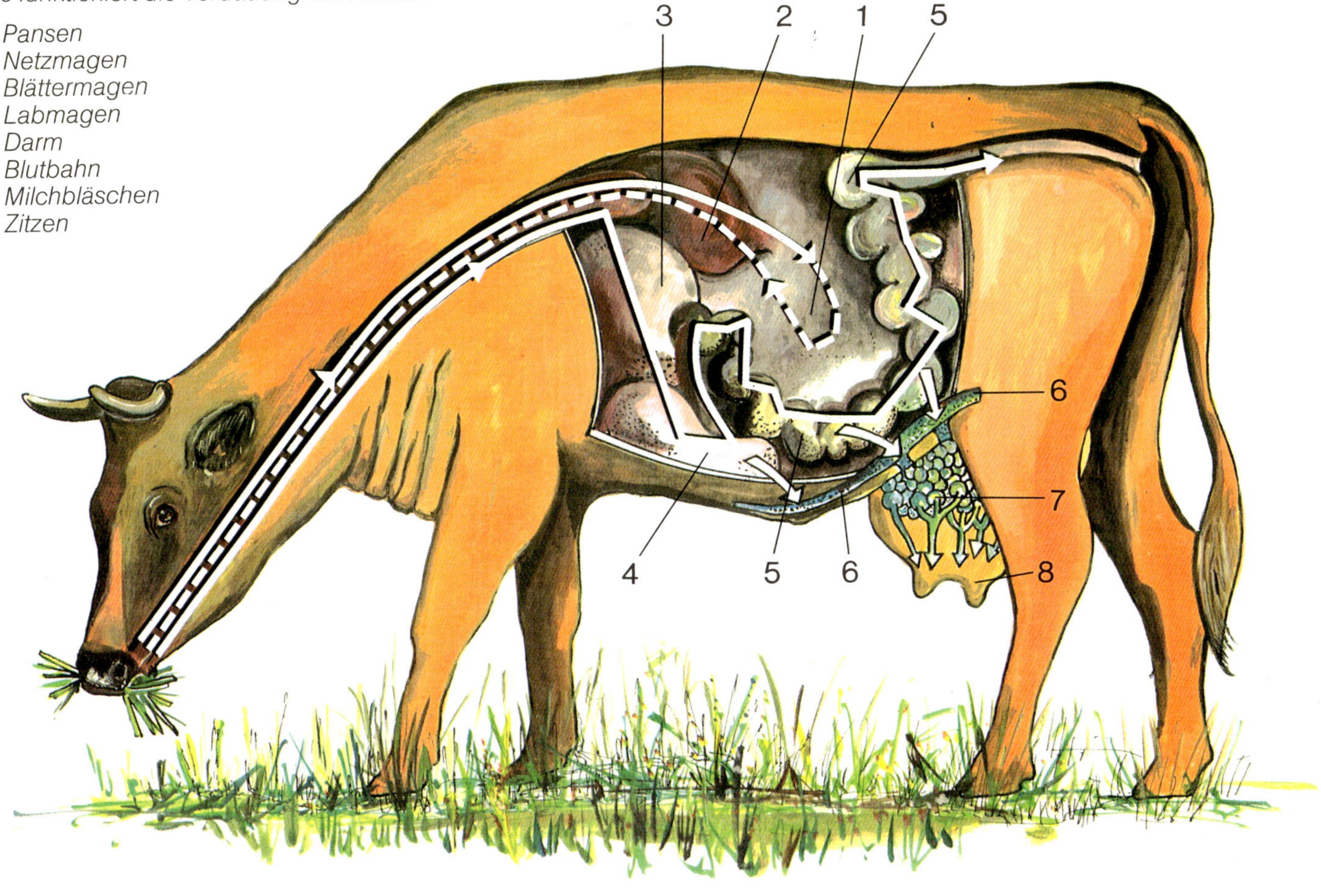

Was frißt die Kuh?

Von den vielen Kräutern in einer Wiese fressen Kühe Löwenzahn (ganz links) und Rotklee (oben) besonders gern.

Luzerne (links) und Futterlupine (rechts) baut der Bauer extra an, um sie an seine Tiere im Stall als Grünfutter zu verfüttern.

Auf der Weide fressen Rinder frisches Gras und allerlei Kräuter. Sie sind recht wählerisch. Mit ihrer feinen Nase können sie genau feststellen, ob eine Pflanze für sie ungenießbar oder giftig ist. Dort, wo Kuhfladen oder Kothaufen von anderen Tieren auf der Weide liegen, fressen sie das Gras nicht.

Leben die Rinder im Stall und können ihr Gras nicht selbst rupfen, muß der Bauer zweimal am Tag Gras holen. Oft verfüttert er aber zusätzlich Mineralfutter, das er fertig kauft. Es enthält alles, was die Rinder brauchen, um ohne Sonne möglichst gesund zu bleiben.

Im Winter gibt der Bauer den Rindern statt Gras manchmal Rübenschnitzel zu fressen. Außerdem gibt es das Silofutter, das man auch Silage nennt: gepreßtes Gras, gehäckselter Mais, Klee oder Luzerne. Das Silofutter ist leicht angegoren und riecht säuerlich. Es ist für die Rinder wie für uns das Sauerkraut, und sie fressen es sehr gerne. Zusätzlich verfüttert der Bauer Heu, also getrocknetes Gras, und Getreide- und Sojaschrot. Der Rindermagen muß nämlich genügend zu tun haben, damit die Rinder wiederkäuen können und genügend Ballaststoffe für eine normale Verdauung aufnehmen.

*Links: Rinder sind salz-
hungrig, deshalb gibt man
ihnen einen Salzstein.*

*Rechts: Das Silofutter ist für
die Rinder wie Sauerkraut.
Sie fressen es sehr gerne.*

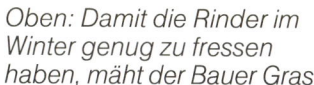

*Unten: Eine Kuh trinkt
an einem Tag 20 Liter
Wasser.*

*Oben: Damit die Rinder im
Winter genug zu fressen
haben, mäht der Bauer Gras.*

*Das getrocknete Gras heißt
Heu. Es wird zu Ballen
geformt und so gelagert.*

Eine ausgewachsene Kuh kann ganz schön
viel verdrücken: Pro Tag frißt sie insgesamt
ein Kilo Heu, vier Kilo Getreideschrot, zwölf
Kilo Maissilage und fünfundzwanzig Kilo
Grassilage. Damit sie gesund bleiben, läßt
man Kühe an einem Salzstein lecken. Dieser
Salzstein enthält wichtige Mineralsalze.
Außerdem braucht eine Kuh natürlich auch
Wasser: Ungefähr zwanzig Liter säuft sie
davon am Tag.

Ein Paradies für Fliegen

Der «Duft» der Kuhfladen lockt viele Insekten an. Hier der seltene Mondhornkäfer (rechts), der unter dem Fladen seine Eier ablegt.

Rechts: Die Verdauung ist beendet – und die Kuh kleckert!

Der Kuhfladen auf der Weide wird immer seltener, da die meisten Kühe im Stall gehalten werden. Menschen machen möglichst einen Bogen um die grüngräuliche Masse. Aber für Tausende von Fliegen, die sich davon ernähren, ist ein Kuhfladen wie ein Paradies.

Mit Stroh und Urin vermischt landen die Kuhfladen auf dem Misthaufen. Mit der Zeit «verduftet» dabei der üble Geruch. Stroh und Kot zersetzen sich nach einer Weile, und man gewinnt einen Dünger, mit dem man den Boden auf den Feldern mit neuen Nährstoffen versorgen kann.

Oben: Solche Fliegen können Krankheiten übertragen.

Links: Ein Mistkäfer bei der Arbeit – seine Eier legt er in selbstgegrabenen, mit Mist gefüllten Gängen unter dem Fladen ab.

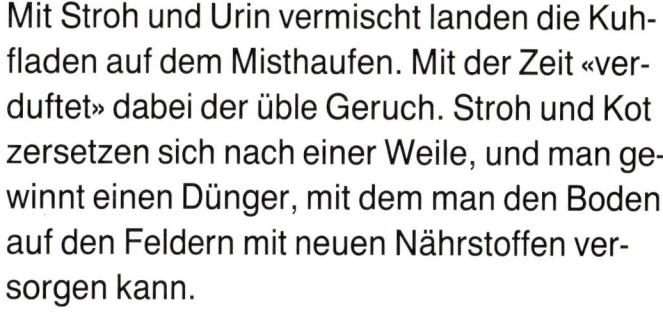

Oben: Rinder halten sich immer schön sauber.

Unten: Hier wird der Mist aufs Feld gestreut.

Unzählige Insekten und besonders deren Larven leben in und auf dem Kuhfladen. Wenn sie dann ausgeschlüpft sind oder ihren Appetit gestillt haben, kommen sie, wie zum Beispiel die Stubenfliege, auch zu uns. Überall sitzen die Fliegen auf den nicht abgedeckten Nahrungsmitteln oder fliegen uns frech auf die Nasenspitze. Auf diese Weise können Krankheiten übertragen werden: Tuberkulose, Typhus, Ruhr, Kinderlähmung und die Ägyptische Augenkrankheit, die in Afrika und Asien leider noch verbreitet sind. Bei uns kommen diese Krankheiten kaum vor. Du wirst also nicht gleich krank, wenn sich mal eine Fliege auf dein Butterbrot oder deinen Apfel setzt.

Wenn der Hahn kräht auf dem Mist

Früher fand man auf jedem Bauernhof einen Misthaufen. Mit den vielen Insekten und Kleintieren, die darin wohnten, war er wie ein stets gedeckter Tisch für die frei herumlaufenden Hühner. Aus jener Zeit stammt sicher noch die Bauernregel: «Wenn der Hahn kräht auf dem Mist, ändert sich's Wetter, oder es bleibt, wie's ist!»

Es macht Spaß, den Hühnern bei ihrer Mistwanderung zuzusehen. Im Misthaufen leben große Mengen von Regenwürmern, die das Stroh und alles, was da sonst noch drinnen ist, zu feinem Kompost verarbeiten. Die Wür-

Im Misthaufen wartet ein richtiges Festessen auf die Hühner: Regenwürmer und alle möglichen Insekten.

mer verdauen die Stoffe, die sie als Nahrung brauchen und scheiden die unverdauliche Erde als krümeligen Kot wieder aus. Auf dieser «Wurmerde» können Pflanzen besonders gut wachsen. Im Laufe eines Sommers wandern zwei bis drei Kilo Erde durch einen einzigen Wurm. Da in einem Misthaufen mehrere Hundert Würmer leben, können sie gemeinsam erstaunlich viel Erde verarbeiten. Bei Regen füllen sich die Gänge der Regenwürmer mit Wasser, und die Würmer müssen ans Licht kommen, weil sie sonst ertrinken würden. Bei solchem Wetter freuen sich die Hühner, weil sie besonders viele Leckerbissen finden! Heute gibt es kaum noch Misthaufen. Die Mischung aus Kot und Urin wird schon im Stall in einer Grube aufgefangen. Die in der Grube gelagerte Mischung wird vom Bauern mit Wasser verdünnt. Man bezeichnet dieses Gemisch dann als Gülle. Hat der Wasserstand in der Grube eine gewisse Höhe erreicht, pumpt der Bauer die Gülle in einen Güllewagen und fährt ihn auf das Feld. Dort wird die Gülle breitflächig verspritzt und bald stinkt die ganze Umgebung: Frische Landluft! Innerhalb eines Tages sollte die Gülle dann untergeackert werden. Bei der Massentierhaltung muß der Bauer seine Grube sehr oft entleeren, und deshalb wird häufig viel zuviel Gülle auf den Feldern verteilt. Große Mengen von Nitrat, einem Stoff, der in der Gülle enthalten ist, gelangen so in den Boden. Pflanzen nehmen nur eine gewisse Menge Nitrat auf.

Der Rest landet im Grundwasser und später in Flüssen und Seen und trägt zur Wasserverschmutzung bei. Im Wasser ist nicht mehr genug Sauerstoff, und Algen vermehren sich massenhaft. In solchem verschmutzten, sauerstoffarmen Wasser können die Fische nicht mehr überleben und sterben.

Oben: Gülle ist ein wertvoller Dünger für alle Felder, zuviel davon ist allerdings schädlich.

Unten: Die Regenwürmer räumen im Misthaufen auf: Sie verwandeln den Mist in Komposterde.

Melken ist gar nicht so leicht!

Aber früher, zu Großmutters Zeiten, da wurde noch mit der Hand gemolken. Melken ist gar nicht so leicht! Das Euter der Kuh ist sehr empfindlich und muß vorsichtig behandelt werden. Vor dem Melken wurde das Euter früher mit einem sauberen Lappen gereinigt, und durch die Berührung wurde es schnell

Links: Früher wurde noch von Hand gemolken: An jeweils zwei Zitzen wurde nacheinander kurz gezogen.

Rechts: Hier hat der Bauer die in Kannen abgefüllte Milch zum Abholen bereitgestellt.

Kühe müssen zweimal täglich gemolken werden. Wenn ihr Euter zu voll und prall ist, tut es ihnen weh, und sie muhen laut. Die Milchleistung der Kühe hat im Laufe der Jahre ständig zugenommen. Während eine gute Kuh früher im Durchschnitt 10 Liter Milch täglich lieferte, bringt eine «Spitzenkuh» heute im Durchschnitt 33 Liter pro Tag, also ungefähr 10000 Liter im Jahr! Wir haben, wenn wir an Kühe und Milch denken, immer noch das Melken von Hand im Kopf. Dabei wird das Melken, wie so vieles heute, von Maschinen übernommen.

noch praller. Die Bäuerin, der Knecht oder die Magd umfaßten nun mit Zeigefinger und Daumen eine Zitze und drückten gleichzeitig mit drei weiteren Fingern. Daumen und Zeigefinger wirken dabei wie ein Riegel, denn die Milch in der Zitze kann auf diese Weise nicht zurück in das Euter gedrückt werden. Die ersten Tropfen der Milch, das Vorgemelk, bekamen oft die Katzen. Diese Milch ist sehr fettarm und voller Bakterien. Nach dem Vorgemelk folgt das Flottgemelk, jene Milch, die zum Verkauf abgefüllt oder weiterverarbeitet wird.

Auf dem Land kann man auch heute noch Milchkannen stehen sehen, die von der Molkerei abgeholt werden. In ihnen hält sich die Milch bis zur Verarbeitung frisch. In den Bergen sieht man die Kannen manchmal in Brunnen oder Bächen stehen, wo sie, wie früher auch, bis zur Abholung gekühlt werden.

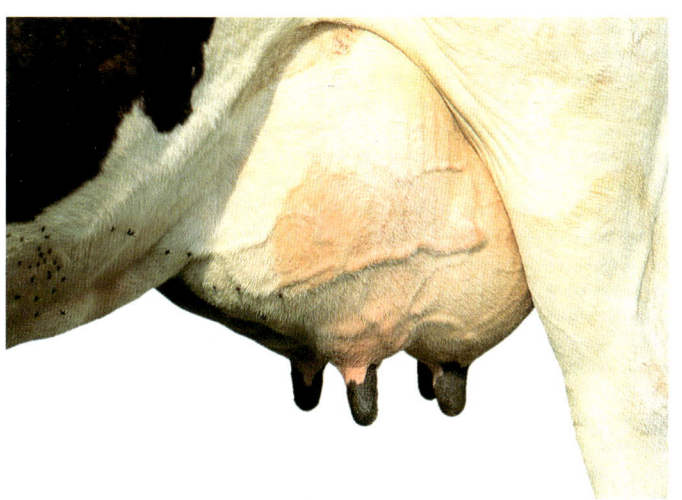

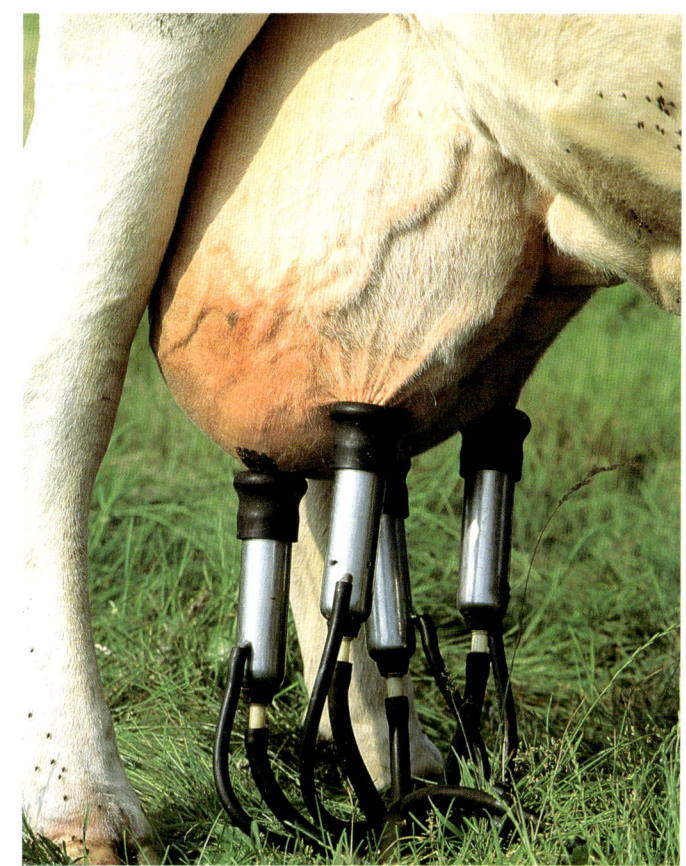

Beim Melken mit der Maschine werden vier Becher (oben) über die Zitzen (links) geschoben und das Euter wird leergemolken. Auf der Weide kommen die Kühe abends von selbst zum Melkstand.

Bei der modernen Massenhaltung ist das Melken von Hand zu aufwendig. Man benutzt eine Melkmaschine zum Abpumpen der Milch. Dabei bleibt die Milch sehr sauber, wird meist sogar gleichzeitig noch einmal gefiltert. Aus der Melkmaschine wird die Milch durch Schläuche in große Milchkannen geleitet. Ganz moderne Maschinen leiten sie durch Rohre in einen riesigen Kühltank. Jeden Tag wird die Milch von einem Wagen der Molkerei abgeholt. Mit einem Rohr wird sie aus den Kannen oder dem Milchtank gesaugt und in den Kühlwagen gepumpt.

37

Alles Käse!

Bleibt die Milch ruhig stehen, bildet sich als obere Schicht der besonders fettreiche Rahm. Mit einem speziellen Schöpfgerät wird der Rahm abgenommen, die Milch verliert dabei ein paar Prozent Fett. Der Rahm bleibt nun auch noch ein wenig stehen, er muß reifen. Das heißt, daß die in der Milch enthalte-

Aus Milch wird eine ganze Menge gemacht, was wir gerne mögen: Joghurt, Käse, Butter, Quark. Alle diese Milchprodukte werden heute nicht mehr beim Bauern, sondern in Molkereien hergestellt.

nen Bakterien einen Teil des Milchzuckers in Milchsäure umwandeln müssen. Dann wird der Rahm geschlagen. Das geschieht meist in einem Rollbutterfaß, in dem sich nach einer Weile bei bestimmter Temperatur kleine Butterkörner bilden. Man nennt das: «der Rahm bricht». Dabei bleibt die sogenannte Buttermilch übrig, die jetzt abgegossen wird. Das muß alles sehr sorgfältig gemacht werden. Reine Butter erhält man nur, wenn keinerlei Reste von Buttermilch oder Rahm an der Butter bleiben. Sobald der letzte Tropfen Wasser beim Walzen der Butter herausgekommen ist, ist die Butter fertig und kann nun je nach Geschmack noch gesalzen werden.

Bei der Joghurtherstellung wird die Milch mit dem sogenannten «Bazillus bulgaricum» angesäuert und zwei bis drei Tage bei 37 Grad warm gestellt. Du kannst auch selbst Joghurt machen, wenn du in ein kleines Glas Milch einen Löffel Naturjoghurt gibst, das Glas verschließt und warm stellst.

Käse wird auf ganz verschiedene Weise gemacht, je nach Sorte. Aus Milch und bestimmten Zusatzstoffen erhalten wir Weichkäse. Rahmkäse wird aus dem geronnenen Rahm hergestellt. Für Hartkäse braucht man besonders viel Milch, manchmal sogar eine Mischung von Schaf-, Kuh- und Ziegenmilch. Daraus wird erst einmal Quark gemacht, der dann lange entwässert wird, bis daraus Käse entstanden ist. Der Käse muß dann noch reifen, manchmal über ein Jahr, wie Parmesan zum Beispiel.

Linke Seite: Rohmilch wird zu pasteurisierter Trinkmilch, zu Butter, Buttermilch, Joghurt, Quark und verschiedenen Käsesorten verarbeitet.

Links: Keine Schokolade ohne Milch!

Oben: Milch enthält Fett, Eiweiß, Kohlenhydrate, Natrium, Kalium, Calcium, Magnesium, Eisen und einige Vitamine.

Ich und du, Müllers Kuh

So dumm, wie viele denken, sind die Rindviecher gar nicht. Sie können Farben unterscheiden und sich mit Muhen, Grunzen und Brüllen bestens miteinander «unterhalten». Es gibt Drohlaute, Kampf- und Warnlaute, Notlaute, Herdenrufe, Spiellaute und vieles mehr.

Nur «Blindekuh» kennen die Kühe nicht. Für uns ist es ein lustiges Spiel, bei dem einer mit verbundenen Augen versuchen muß, einen anderen zu fangen. Während wir in Deutschland «Blindekuh» spielen, spielt man in Südslawien «blinde Maus», in Spanien «blinde Henne» und in Italien «blinde Fliege». Aber vielleicht willst du einfach nur Verstecken spielen, dann hilft dir der alte Abzählreim:
«Ich und du, Müllers Kuh, Müllers Esel, das bist du!»

Jede Herde wird von einem Leittier angeführt. Im Frühsommer kämpfen die Eringer Kühe (rechts) miteinander, und die stärkste Kuh wird Leitkuh.

Nun weißt du eine Menge über die Kuh, seit wann sie dem Menschen nutzt, wie sie früher lebte und heute gehalten wird. Das alles wäre auf «keine Kuhhaut» gegangen! So nannten es die Leute früher, wenn die gegerbte Rinderhaut, die sie als Pergamentpapier zum Aufschreiben wichtiger Beschlüsse benutzten, nicht ausreichte. Bis heute hat sich dieser Ausspruch erhalten.

Bücher für Kinder, die mehr wissen wollen – eine Auswahl

«Höchste Anerkennung dem Kinderbuchverlag Luzern, denn dort werden für Jugendliche Bücher produziert, die mit Vergnügen gelesen werden. Das Bildmaterial von höchster Qualität und dazu frische, lebendige Texte – keine langatmigen und ermüdenden Informationen. Das Deutsche Jugendschriftenwerk hat einmal geschrieben: ‹Ich könnte keine bessere Sachbuchreihe für 5–8jährige benennen›, und mir unterläuft kein Flüchtigkeitsfehler, wenn ich sage: Eine Sachbuchreihe für 5–80jährige.»

Horst Schallon, Sender Freies Berlin

KINDER BUCH VERLAG LUZERN

H. und A. Fischer-Nagel
Ein Kätzchen kommt zur Welt
40 Seiten mit 45 Farbfotos

Claudia Schnieper/Felix Labhardt
Dem Fuchs auf der Spur
40 Seiten mit 50 Farbfotos

H. und. A. Fischer-Nagel
Das Eselbuch
40 Seiten mit 45 Farbfotos

Hans-Heinrich Isenbart/
Thomas David
Ein Fohlen kommt zur Welt
40 Seiten mit 35 Farbfotos

Markus Kappeler/Jin Xuqi
**Der große Panda –
Bedrohtes Leben im Bambuswald**
48 Seiten mit 56 Farbfotos

Paul H. Bürgel/Manfred Hartwig
Bei den Berggorillas
40 Seiten mit 44 Farbfotos

Hans-Heinrich Isenbart/
Jay Featherley
**Mustangs –
Wildpferde in Amerika**
40 Seiten mit 35 Farbfotos

Claudia Schnieper/Felix Labhardt
Baumeister Dachs
40 Seiten mit 50 Farbfotos